1. Lesestufe

Julia Breitenöder

Schulgeschichten

Mit Bildern von Cathy Ionescu

Ravensburger

Bibliografische Information der Deutschen Nationalbibliothek:

Die Deutsche Nationalbibliothek verzeichnet diese Publikation in der Deutschen Nationalbibliografie. Detaillierte bibliografische Daten sind im Internet über http://dnb.d-nb.de abrufbar.

1 3 5 4 2

Ravensburger Leserabe
© 2023 Ravensburger Verlag GmbH
Postfach 2460, 88194 Ravensburg
Umschlagbild: Cathy Ionescu
Fachberatung: Dr. Birgitta Reddig-Korn
Textredaktion: Nina Schiefelbein
Produktion & Satz:
Weiß-Freiburg GmbH – Grafik und Buchgestaltung
Printed in Germany
ISBN 978-3-473-46252-0

ravensburger.com
www.leserabe.de

Inhalt

Zusammen sind wir stark 6

Der vermüllte Ausflug 16

Die leere Brotdose 24

Eine besondere Geisterstunde 33

Zusammen sind wir stark

„Auf die Plätze!",
ruft Herr Herzig.

Amir kniet an der Startlinie.
„Ich mag nicht!",
murmelt Ben neben ihm.

Amir guckt ihn an.
„Warum? Das macht doch Spaß!"
„Fertig! Los!", ruft Herr Herzig.

Amir saust los.
Er fliegt über die Ziellinie.

Wo ist Ben?
Da trabt er ins Ziel.
Mit Tränen in den Augen.
„Ich kann das nicht",
keucht er und seufzt.

„Macht nichts", sagt Amir.
Ben soll nicht traurig sein!
Wie kann er ihm bloß helfen?

Beim Werfen passt Amir auf,
dass er nur
bis zum zweiten Hütchen wirft.
Nicht bis zum sechsten wie sonst.

Gleich ist Ben dran.
„Stell dir vor,
der Ball ist etwas Ekliges",
sagt Amir.

Ben überlegt.
„Eine matschige Tomate."
Er läuft an.

Amir ruft: „Schmeiß sie weg,
die eklige, matschige …"

„Tomaaateee!", brüllt Ben
und wirft.
Der Ball fliegt
bis zum dritten Hütchen.

Amir jubelt.
Ben hüpft auf und ab.
„Das war ein toller Wurf!"

Dann ist Weitsprung dran.
Ben rennt los
und fällt in den Sand.

„Meine Beine wissen nicht,
wie das geht", schimpft er.

Beim nächsten Versuch
nimmt Amir Ben an die Hand.
Zusammen laufen sie los.

„Spring!", ruft Amir.
Und Ben springt.
Sie purzeln in den Sand
und bleiben lachend liegen.

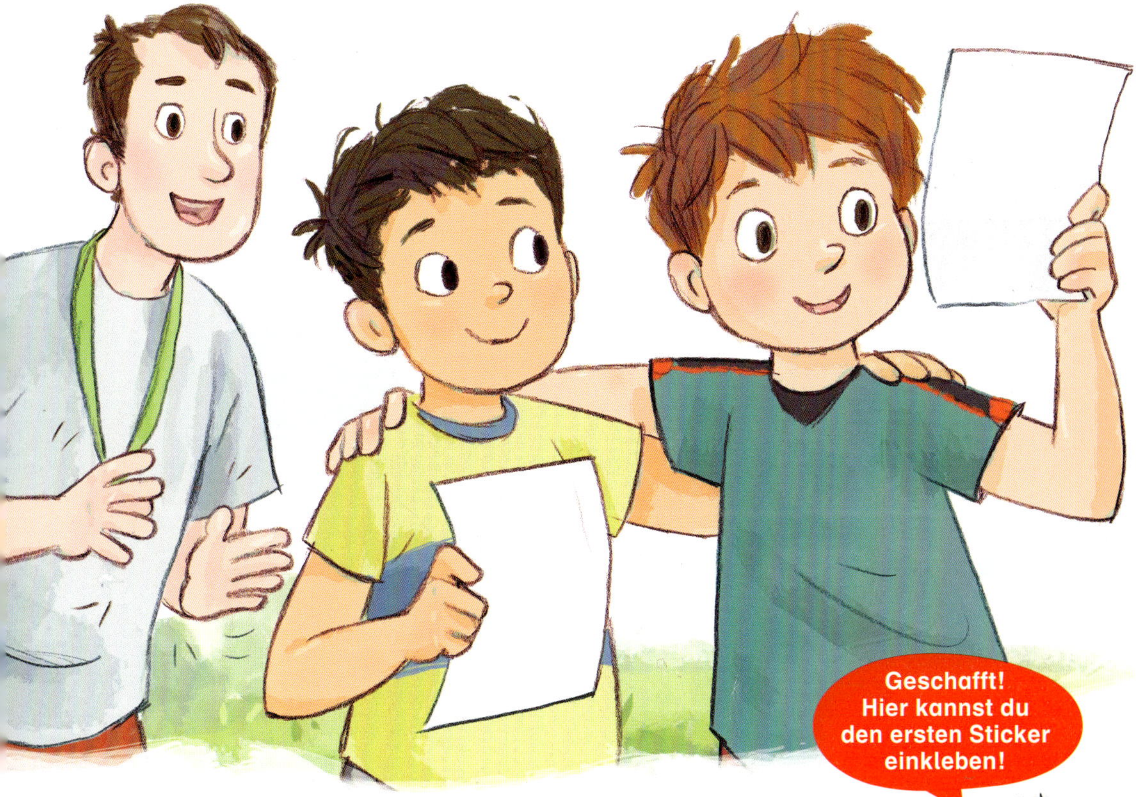

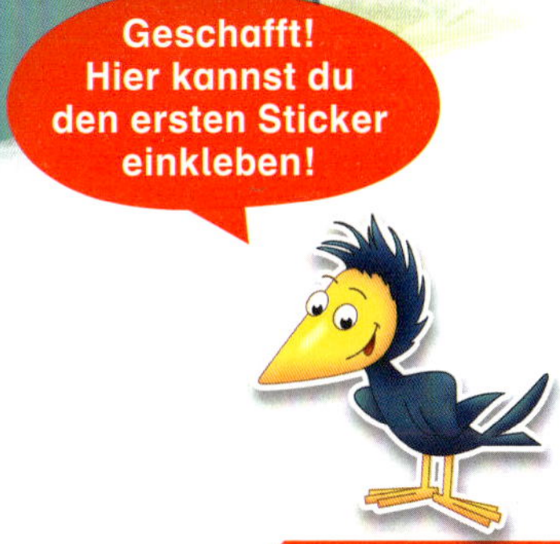

Geschichte 1

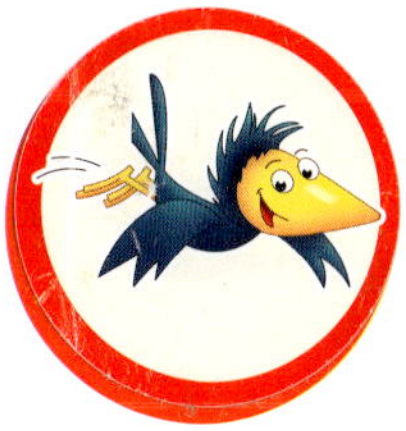

Am Ende gibt es Urkunden.
Überraschung!
Amir und Ben bekommen auch eine.
Darauf steht:
„Für richtig gute Freunde“.

„Und das“, sagt Herr Herzig,
„ist wichtiger als schnelles Laufen.“

Der vermüllte Ausflug

Zoe zerrt einen Einkaufswagen
aus dem Fluss.
Er ist sehr rostig.
Sie haben schon kaputte Gießkannen,
alte Gummistiefel
und viel anderen Müll gefunden.

„Wer schmeißt das alles hier hin?",
fragt Zoe.

„Keine Ahnung", sagt Ayla.

„Hier sind so viele Mülleimer!", ruft Ilias.

„Ich wäre lieber im Tierpark,
wie die 1b." Zoe seufzt.
„Ohne Müll!"

Ayla überlegt. „Herr Herzig sagt,
Müll sammeln ist wichtig."

„Aber Tiere sind schöner",
murmelt Zoe.
„Oh ja. Ich mag Esel", sagt Ayla.
„Robben sind super", sagt Ilias.

„Da ist eine Schildkröte!",
ruft Zoe.
„Wo?", fragt Ayla.
„Ich sehe nur Müll", sagt Ilias.

„Na da!" Zoe zeigt zum Fluss.
Auf einem Baumstamm sonnt sich
eine kleine Schildkröte.
„Kommt alle her!", ruft Zoe.

Sie zeigt der 1a die Schildkröte.
„Die hat sicher jemand ausgesetzt.
Jetzt wohnt sie hier",
sagt Herr Herzig.

„Die Arme! In dem ganzen Müll!",
ruft Zoe.
„Deswegen räumen wir ja auf",
sagt Ayla.

„Ich habe eine Idee", sagt Zoe.
Sie erklärt ihren Plan.
Alle packen mit an.
Aus dem ganzen Müll
bauen sie eine große Schildkröte.

Zoe hängt einen Zettel dran:
Werft keinen Müll in mein Zuhause!
„Der Ausflug war doch nicht blöd",
sagt sie.

Geschichte 2

Zum Abschluss macht Herr Herzig
ein tolles Foto von den Kindern
mit ihrer Müll-Schildkröte.

Die leere Brotdose

Endlich klingelt es zur Pause!
Max stopft Hefte, Buch und Mäppchen
in den Ranzen.

Er zieht die Brotdose heraus.
Sein Magen knurrt schon
die ganze Stunde.

Warum ist die Dose heute so leicht?
Max öffnet sie.
Leer!

Er blinzelt.
Wo ist sein Frühstück?
Da fällt es ihm wieder ein.

Heute Morgen gab es kein Brot mehr.
Mama hat ihm Geld gegeben,
damit er sich in der Bäckerei
etwas kaufen kann.

Die Münzen klimpern noch
in seiner Tasche.

Auf dem Weg hat Max
mit Ben und Amir gequatscht
und vergessen, etwas zu kaufen.
Er klappt die Dose zu.

„Isst du nichts?", fragt Zoe
und beißt in ihr Brötchen.
Max schüttelt den Kopf.

Frühstück vergessen!
So was Dummes!
Das ist total peinlich.

Max meldet sich.
„Herr Herzig? Ich muss aufs Klo."
Herr Herzig nickt.

Max läuft aus der Klasse.
Er setzt sich auf die Treppe.
Wann ist die Pause endlich vorbei?
Er will den anderen
nicht beim Essen zugucken!

Die Tür geht auf,
Herr Herzig schaut heraus.
„Wo bleibst du denn, Max?
Komm wieder rein!"
Max trottet an seinen Platz.

Auf seinem Tisch liegen
zwei halbe Käsebrote, eine Brezel,
ein Stück Apfel und vier Weintrauben.
„Was ist das?", fragt Max.

„Ein geteiltes Frühstück",
sagt Amir.
Und Ayla fragt: „Denkst du,
wir lassen dich hungern?"

„Danke!", murmelt Max.
Sein Bauch grummelt wieder.
Aber diesmal vor Freude.

Eine besondere Geisterstunde

Das Gespenst Robbi spukt
mit seiner Freundin,
der Spinne Corinne,
durch die Schule.

Kichernd saust Robbi
ins Klassenzimmer der 1a.

„Huch!", ruft Robbi.
Corinne krabbelt um die Ecke –
und erstarrt.

Der Raum ist voller Kinder.
Sie sitzen mit Schlafsäcken
und Taschenlampen auf dem Boden
und starren Robbi an.

„Da ist ja unser Gast",
sagt ein Mann.
Er kommt auf Robbi zu.
„Herr Robert! Wie schön,
dass Sie kommen konnten!
Herzig ist mein Name.
Wir haben telefoniert."

„Äh ... hallo", stammelt Robbi.
„Was tut ihr hier?"

„Wir übernachten hier!",
rufen die Kinder.
„Erzählst du uns
gruselige Geschichten?"

„Na klar!" Robbi legt los.
Er erzählt eine Geschichte
mit Gespenstern.
Dann eine mit Vampiren.
Und dann eine,
die auf einem Friedhof spielt.

Auf einmal tippt Corinne ihn an.
„Die Geisterstunde ist vorbei."
„Schon? Wie schade", sagt Robbi.
Alle winken zum Abschied.

„Das war lustig", sagt Robbi
draußen auf dem Flur.
„Aber warum haben sie sich nicht
vor mir gegruselt?
Und woher kannte der Lehrer
meinen Namen?"

„Da kommt jemand", zischt Corinne.
Sie schlüpfen in einen Schrank.

Ein Mann hastet vorbei.
Beim Laufen zieht er sich
ein Laken über.
Darin sind Löcher für die Augen.

„Das ist bestimmt Herr Robert",
wispert Corinne.
„Was?", ruft Robbi. „Die dachten,
ich sei ein verkleideter Mensch?"

Corinne nickt und kichert.
Robbi schnauft. Dann lacht er.
„Das ist gruselig!", sagt er.
„Schön war es trotzdem."

Geschichte 4

Leserätsel

Rätsel 1 — **Seltsam, seltsam**

Welches Wort stimmt? Kreuze an!

Die 1a sammelt viel
- ○ Milch.
- ✗ Müll.
- ○ Matsch.

Die Brotdose von Max ist
- ○ lebendig.
- ○ lecker.
- ✗ leer.

Corinne krabbelt um die
- ✗ Ecke.
- ○ Eisdiele.
- ○ Erde.

Rätsel 2 — **Buchstaben heraushören**

In welchen Wörtern hörst du den Buchstaben O? Kreuze an!

Ordne die Bilder den Sätzen zu!

A) Max meldet sich.

B) Alle winken zum Abschied.

C) Amir nimmt Ben an die Hand.

Rätsel 3

1 — A   2 — C   3 — B

Lösungen
Rätsel 1: Müll, leer, Ecke, **Rätsel 2:** Brotdose, Tomate,
Rätsel 3: 1A, 2C, 3B

Rabenpost

Rätsel 4

Rätsel für die Rabenpost

Fülle die Lücken aus. Trage die Buchstaben in die richtigen Kästchen ein. So findest du das Lösungswort für die Rabenpost heraus!

Bens Ball fliegt bis zum dritten

☐ Ü ☐ ☐ ☐ ₂ ₆ . (Seite 12)

An die Schildkröte hängt Zoe einen

☐ ☐ T T ₅ ☐ . (Seite 23)

Max zieht in der

₄ A U ₇ ☐

seine Brotdose aus dem Ranzen. (Seite 24)

Robbi erzählt den Kindern

₁ ☐ ₃ ☐ C H ☐ ☐ ₈ ☐ N .
(Seite 37)

Lösungswort

☐ ☐ ☐ ☐ ☐ ☐ ☐ ☐
1 2 3 4 5 6 7 8

Hast du das Lösungswort herausgefunden?
Dann kannst du jetzt tolle Preise gewinnen.

Gib das Lösungswort auf der **Leserabe**-Website ein oder schick es mit der Post an folgende Adresse:

An den Leseraben
Rabenpost
Postfach 2007
88190 Ravensburg
Deutschland

Lösungswort

An
den LESERABEN
RABENPOST
Postfach 2007
88190 Ravensburg
Deutschland

Bitte frage deine Eltern!*

* Wir verwenden die Daten der Einsender nur für das Gewinnspiel und nicht für weitere Zwecke. Alle weiteren Informationen zum Datenschutz und über unser Gewinnspiel findet Ihr unter www.leserabe.de.

Lesen lernen wie im Flug!

In drei Stufen vom Lesestarter zum Leseprofi

Vor-Lesestufe
Ab Vorschule

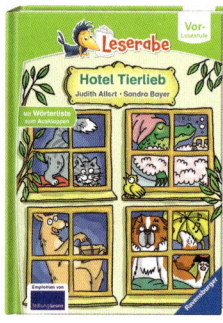
ISBN 978-3-473-46185-1

ISBN 978-3-473-46045-8

ISBN 978-3-473-46207-0

1. Lesestufe
Ab 1. Klasse

ISBN 978-3-473-46099-1

ISBN 978-3-473-46215-5

ISBN 978-3-473-46051-9

2. Lesestufe
Ab 2. Klasse

ISBN 978-3-473-46057-1

ISBN 978-3-473-46065-6

ISBN 978-3-473-46187-5

... und viele Bücher mehr!